6권

어려운 질문

도서출판 토기장이

토기장이 바이블 스터디 틴 시리즈는
한국교회의 청소년들이 영적으로 각성되고
말씀 위에 세워지기를 소망하는 비전을 가지고
토기장이에서 만든 청소년 성경공부 교재입니다.

특별한 표기가 없는 모든 성경 구절은 개역개정성경을 인용한 것입니다.

Contents

1. 기도 베이직

2. 어려운 질문

3. 대림절과 크리스마스 Ⅱ

토기장이 바이블 스터디 틴 시리즈, 이렇게 사용하면 백점 만점!

「토기장이 바이블 스터디 틴 시리즈」는 한 가지 주제 아래 통일성 있는 예배 진행을 위한 교재로서 '찬양-설교-2부 순서-성경공부'까지 물 흐르듯 연결되어 예배의 집중도를 높이고, 짧은 성경공부 시간을 최대한 활용할 수 있도록 구성된 교재입니다.

마음을 열어봐!

성경공부를 시작하기 전, 간단하지만 톡톡 튀는 아이디어들이 가득한 짧은 활동을 통해 성경공부에 대한 기대감과 흥미를 갖게 해줍니다.

성경을 열어봐!

말씀을 배우고 깊이 묵상하는 활동입니다. 설교말씀과 함께 이어지는 본문 말씀을 읽고 문제를 풀어보세요. 성령님의 도우심을 따라 말씀을 '내 것'으로 만들어 보세요.

세상을 열어봐!

배운 말씀을 삶속에 구체적으로 적용하도록 돕는 활동입니다. 이 활동을 통해 매일매일 말씀으로 살아가는 기쁨과 능력을 경험하세요. 여러분이 세상 가운데 하나님의 은혜를 흘려보내는 축복의 통로가 되기를 기대하고 기도합니다.

Togijangi Bible Study teen series

1

기도 베이직

01 기도 베이직 • 02 기도의 모범답안, 주기도문 •
03 어려울 때 드리는 기도 • 04 응답받는 믿음의 기도

01 기도 베이직

성경본문 요한복음 14:12-14, 16:24 ; 시편 40:1-3, 91:14-15 ;
이사야 58:9 ; 요한계시록 5:8

중심구절 요한복음 16:24

이런 일이 생긴다면 당신은?

상황 1.

극심한 재정적 어려움에 처한 당신은 혹시나 하는 마음으로 로또 복권을 샀다. 얼마 후 조마조마한 심정으로 복권 당첨 여부를 확인했는데… 1등에 당첨되었다면 당신은 어떻게 하겠는가?

상황 2.

가난한 농부인 당신은 어느 날 집에 찾아온 손님을 극진히 대접했다. 알고 보니 그는 당신 나라의 임금님! 임금님은 당신에게 소원이 있다면 무엇이든 말하라고 한다. 당신이라면 어떻게 하겠는가?

이보다 더 놀라운 일이 여기 있습니다. 무슨 일일까요?

기도란 무엇일까?

요한복음 14:12-14

12 내가 진실로 진실로 너희에게 이르노니 나를 믿는 자는 내가 하는 일을 그도
할 것이요 또한 그보다 큰 일도 하리니 이는 내가 아버지께로 감이라
13 너희가 내 이름으로 무엇을 구하든지 내가 행하리니 이는 아버지로 하여금 아
들로 말미암아 영광을 받으시게 하려 함이라
14 내 이름으로 무엇이든지 내게 구하면 내가 행하리라

요한복음 16:24 지금까지는 너희가 내 이름으로 아무 것도 구하지 아니하였으나 구하라 그리하면 받으리니 너희 기쁨이 충만하리라

시편 40:1-3

1 내가 여호와를 기다리고 기다렸더니 귀를 기울이사 나의 부르짖음을 들으셨도다
2 나를 기가 막힐 웅덩이와 수렁에서 끌어올리시고 내 발을 반석 위에 두사 내
걸음을 견고하게 하셨도다
3 새 노래 곧 우리 하나님께 올릴 찬송을 내 입에 두셨으니 많은 사람이 보고 두
려워하여 여호와를 의지하리로다

이사야 58:9 네가 부를 때에는 나 여호와가 응답하겠고 네가 부르짖을 때에는 내가 여기 있다 하리라

시편 91:14-15

14 하나님이 이르시되 그가 나를 사랑한즉 내가 그를 건지리라 그가 내 이름을
안즉 내가 그를 높이리라
15 그가 내게 간구하리니 내가 그에게 응답하리라 그들이 환난 당할 때에 내가
그와 함께 하여 그를 건지고 영화롭게 하리라

요한계시록 5:8 그 두루마리를 취하시매 네 생물과 이십사 장로들이 그 어린 양 앞에 엎드려 각각 거문고와 향이 가득한 금 대접을 가졌으니 이 향은 성도의 기도들이라

1. 성경이 말하는 기도의 정의는 무엇인가요?

요 14:13	시 40:1
사 58:9	계 5:8

2. 기도에 대한 예수님의 약속은 무엇인가요?(요 14:13-14)

3. 시편 40편의 다윗의 기도를 통해 하나님께 기도 드릴 때 어떠한 해결이 일어났는지 정리해보세요.

- 1단계 : 들으심
- 2단계 : 구하고 도우심
- 3단계 : 새노래를 주심
- 4단계 : 여호와께 영광

4. 다음 보기의 단어들을 연결하여 나만의 '기도 정의'를 내려보세요.

기도란

보기

무엇이든지, 구하라, 간구, 감사, 향이 가득한 금 대접, 응답하는, 부르짖음, 받으리니, 건지는, 영광을 받으리니, 하나님이, 행하리니, 염려하지 말고, 웅덩이와 수렁에서, 예수님의 이름으로

이상한 기도

"기도는 대화이다. 한편에서는 인간이 하나님께 말하는 것이요,
다른 한편에서는 하나님이 인간에게 말씀하시는 것이다."
- 마틴 루터

02 기도의 모범답안, 주기도문

성경본문 마태복음 6:5-13
중심구절 마태복음 6:9

주기도문을 대하는 우리의 자세

너에게 주기도문은 어떤 의미인가요?

모범기도

마태복음 6:5-13

5 또 너희는 기도할 때에 외식하는 자와 같이 하지 말라 그들은 사람에게 보
이려고 회당과 큰 거리 어귀에 서서 기도하기를 좋아하느니라 내가 진실
로 너희에게 이르노니 그들은 자기 상을 이미 받았느니라
6 너는 기도할 때에 네 골방에 들어가 문을 닫고 은밀한 중에 계신 네 아버지
께 기도하라 은밀한 중에 보시는 네 아버지께서 갚으시리라
7 또 기도할 때에 이방인과 같이 중언부언하지 말라 그들은 말을 많이 하여야
들으실 줄 생각하느니라
8 그러므로 그들을 본받지 말라 구하기 전에 너희에게 있어야 할 것을 하나님
너희 아버지께서 아시느니라
9 그러므로 너희는 이렇게 기도하라 하늘에 계신 우리 아버지여 이름이 거룩
히 여김을 받으시오며
10 나라가 임하시오며 뜻이 하늘에서 이루어진 것 같이 땅에서도 이루어지이다
11 오늘 우리에게 일용할 양식을 주시옵고
12 우리가 우리에게 죄 지은 자를 사하여 준 것 같이 우리 죄를 사하여 주시옵고
13 우리를 시험에 들게 하지 마시옵고 다만 악에서 구하시옵소서 (나라와 권세와
영광이 아버지께 영원히 있사옵나이다 아멘)

1. 예수님이 말씀하신 잘못된 기도의 모습을 찾아 적어보세요(마 6:5,7).

2. 주기도문에서 '하나님에 대한 기도'와 '우리에 대한 기도'를 찾아 각 바구니에 담아 보세요.

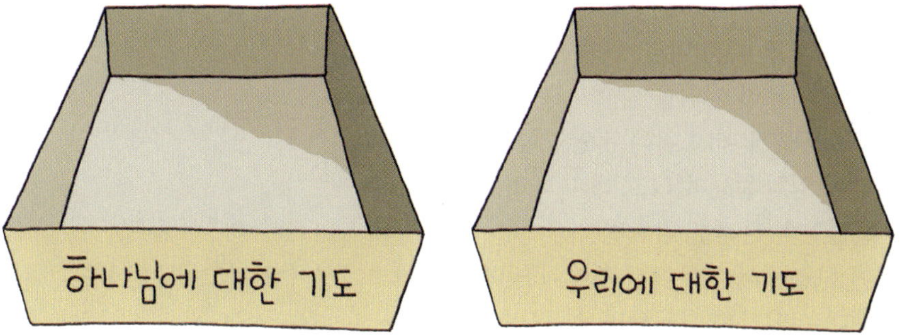

3. 다음 주기도문의 내용을 나의 기도 제목으로 어떻게 재구성할 수 있을까요?

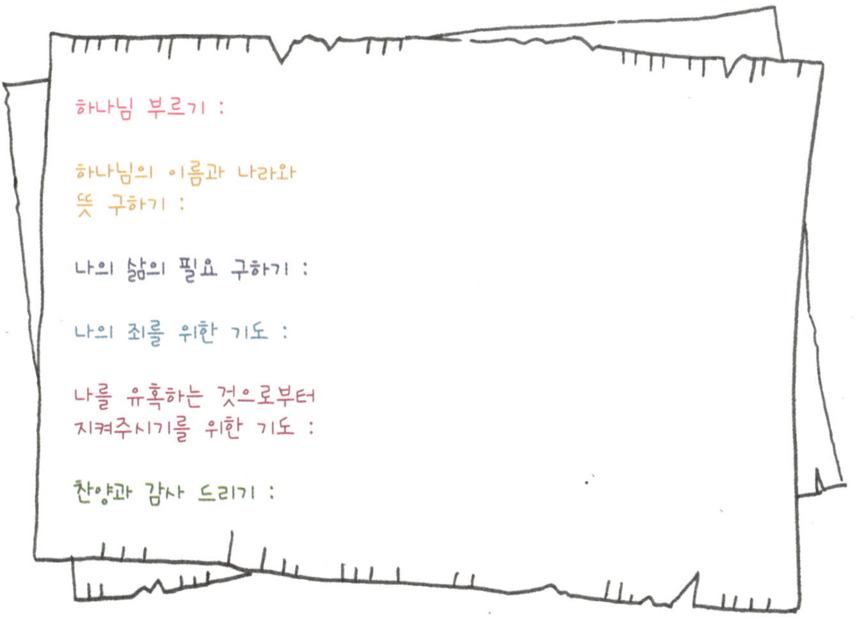

우루과이 한 작은 교회 벽에 적혀 있는 글

"하늘에 계신"이라고 하지 마라. 세상 일에만 빠져 있으면서.
"우리"라고 하지 마라. 너 혼자만 생각하며 살아가면서.
"아버지"라고 하지 마라. 아들딸로 살지 않으면서.
"이름이 거룩히 여김을 받으시오며"라고 하지 마라.
자기 이름을 빛내기 위해서 안간힘을 쓰면서.
"나라이 임하옵시며"라고 하지 마라.
물질 만능의 나라를 원하면서.
"뜻이 하늘에서 이루어진 것같이 땅에서도 이루어지이다"라고 하지 마라.
내 뜻대로 되기를 기도하면서.
"오늘날 우리에게 일용할 양식을 주옵시고"라고 하지 마라.
죽을 때까지 먹을 양식을 쌓아두려 하면서.
"우리가 우리에게 죄 지은 자를 사하여 준 것같이
우리의 죄를 사하여 주옵시고"라고 하지 마라.
누구에겐가 아직도 앙심을 품고 있으면서.
"우리를 시험에 들게 하지 마옵시고"라고 하지 마라.
죄 지을 기회를 찾아다니면서.
"다만 악에서 구하옵소서"라고 하지 마라.
악을 보고도 아무런 양심의 소리를 듣지 않으면서.
"아멘"이라고 하지 마라.
주님의 기도를 진정 나의 기도로 바치지 않으면서.

"주기도문은 8각을 지닌 보석과 같다. 주기도문 하나 하나가 깊고 귀중한 의미를 담고 있기 때문이다. 그래서 그리스도인들은 영원히 주기도를 드려야 한다. 하지만, 주기도문 같이 많은 순교를 당하는 것도 없다. 너무나 많은 교인들이 주기도문의 내용과 정신을 생각하지 않고 무의미하게 반복하는 것은 주기도를 죽이는 것이기 때문이다." -마틴 루터

03 어려울 때 드리는 기도

성경본문 요나 1:17, 2:1-10
중심구절 요나 2:2

위기에 처했을 때

당신이 다음과 같이 곤경에 처해있다면, 누가 당신을 도와줄 수 있을까요? 아래 보기에서 3명을 골라 순위를 정하고 고른 이유를 말해보세요.

보기

가장 친한 친구 ○○○, 남자(여자) 친구, 부모님, 조부모님, 우리집 강아지, 나 자신, 담임선생님, 교회선생님, 목사님, 하나님, 우리반 친구들, 동아리 친구들, 경찰, 군인, 소방관, 운동선수, 내가 좋아하는 스타, 슈퍼맨

- 1순위
- 2순위
- 3순위

요나의 기도

요나 1:17 여호와께서 이미 큰 물고기를 예비하사 요나를 삼키게 하셨으므로 요나가 밤낮 삼 일을 물고기 뱃속에 있으니라

2:1-10

1 요나가 물고기 뱃속에서 그의 하나님 여호와께 기도하여
2 이르되 내가 받는 고난으로 말미암아 여호와께 불러 아뢰었더니 주께서 내게 대답하셨고 내가 스올의 뱃속에서 부르짖었더니 주께서 내 음성을 들으셨나이다
3 주께서 나를 깊음 속 바다 가운데에 던지셨으므로 큰 물이 나를 둘렀고 주의 파도와 큰 물결이 다 내 위에 넘쳤나이다
4 내가 말하기를 내가 주의 목전에서 쫓겨났을지라도 다시 주의 성전을 바라보겠다 하였나이다
5 물이 나를 영혼까지 둘렀사오며 깊음이 나를 에워싸고 바다 풀이 내 머리를 감쌌나이다
6 내가 산의 뿌리까지 내려갔사오며 땅이 그 빗장으로 나를 오래도록 막았사오나 나의 하나님 여호와여 주께서 내 생명을 구덩이에서 건지셨나이다
7 내 영혼이 내 속에서 피곤할 때에 내가 여호와를 생각하였더니 내 기도가 주께 이르렀사오며 주의 성전에 미쳤나이다
8 거짓되고 헛된 것을 숭상하는 모든 자는 자기에게 베푸신 은혜를 버렸사오나
9 나는 감사하는 목소리로 주께 제사를 드리며 나의 서원을 주께 갚겠나이다 구원은 여호와께 속하였나이다 하니라
10 여호와께서 그 물고기에게 말씀하시매 요나를 육지에 토하니라

1. 요나는 어떤 상황에서 기도를 시작했나요?

2. 본문을 읽고 아래 질문에 응답해 보세요.

요나가 취한 행동	요나의 기도	하나님의 응답
요나가 물고기 뱃속에서 탈출하기 위해 할 수 있는 방법을 적어보세요.	요나가 기도한 내용들을 찾아 적어보세요. 2:2 2:4 2:7	요나의 기도에 대한 하나님의 응답을 적어보세요. 2:2 2:6 2:10

3. 요나가 기도하며 발견한 중요한 사실은 무엇인가요?(2:9)

물고기 배 속에서

당신 앞에 어려움이 닥칠 때, 당신도 요나처럼 기도할 수 있습니다! 요나를 구해주신 하나님께 당신의 문제를 솔직하게 고백하고 도움을 요청하세요.

내가 받는 고난으로 말미암아 여호와께 불러 아뢰었더니 주께서 내게 대답하셨고 내가 스올의 뱃속에서 부르짖었더니 주께서 내 음성을 들으셨나이다(욘 2:2)

04 응답받는 믿음의 기도

성경본문 역대상 4:9-10 ; 마가복음 11:23-24 ; 야고보서 1:5-7
중심구절 마가복음 11:24

당신의 기도응답률은?

당신은 분명한 기도응답을 매번 받나요?
아니면 어쩌다 한두 번 받나요?

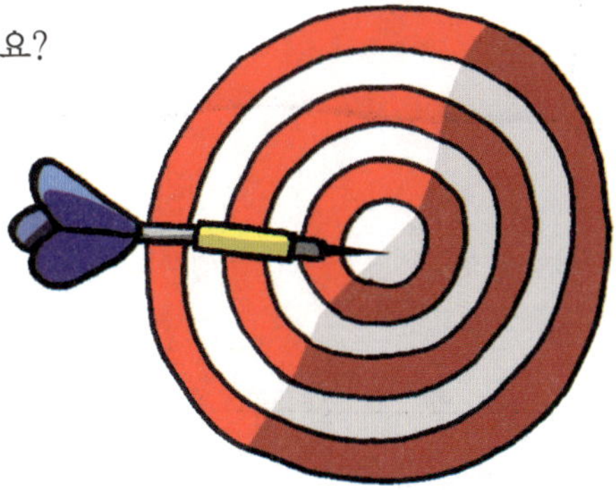

나의 경우는…

① 100%입니다. 나는 기도하면, 반드시 응답받아요.
② 80% 거의 다 응답받아요.
③ 글쎄요. 50% 정도는 이루어져요.
④ 어쩌다 한두 번, 대부분은 응답받지 못하는 것 같아요.
⑤ 기억할 수가 없습니다. 기도하고 응답받아야 한다는 것을 미처 생각하지 못했네요.

야베스의 기도

역대상 4:9-10

9 야베스는 그의 형제보다 귀중한 자라 그의 어머니가 이름하여 이르되 야
베스라 하였으니 이는 내가 수고로이 낳았다 함이었더라
10 야베스가 이스라엘 하나님께 아뢰어 이르되 주께서 내게 복을 주시려거
든 나의 지역을 넓히시고 주의 손으로 나를 도우사 나로 환난을 벗어나
내게 근심이 없게 하옵소서 하였더니 하나님이 그가 구하는 것을 허락하
셨더라

마가복음 11:23-24

23 내가 진실로 너희에게 이르노니 누구든지 이 산더러 들리어 바다에 던져

1. 다음은 성경에 등장하는 일반적인 족보와 야베스의 족보를 비교한 것입니다. 빈칸을 채워보세요.

일반적 족보

○○○의 아들들은 ○○○와 ○○○과 ○○○이라 ○○○의 아들 ○○○는 ○○을 낳았고 ○○은 ○○와 ○을 낳았으니 이는 ○○사람의 족속이며

야베스의 족보

탄생의 배경 …›

야베스가 한 일 …›

하나님의 응답 …›

지라 하며 그 말하는 것이 이루어질 줄 믿고 마음에 의심하지 아니하면
그대로 되리라
24 그러므로 내가 너희에게 말하노니 무엇이든지 기도하고 구하는 것은 받
은 줄로 믿으라 그리하면 너희에게 그대로 되리라

야고보서 1:5-7

5 너희 중에 누구든지 지혜가 부족하거든 모든 사람에게 후히 주시고 꾸짖
지 아니하시는 하나님께 구하라 그리하면 주시리라
6 오직 믿음으로 구하고 조금도 의심하지 말라 의심하는 자는 마치 바람에
밀려 요동하는 바다 물결 같으니
7 이런 사람은 무엇이든지 주께 얻기를 생각하지 말라

2. 야베스의 기도제목은 구체적으로 어떤 것들이었나요?(대상 4:10)

3. 기도 응답을 받기 위해서 반드시 필요한 것은 무엇인가요?(막 11:23)

4. 기도에 대한 예수님의 약속을 적어보세요(막 11:23-24 ; 약 1:5-7).

특별한 인생

고아들의 아버지, 기도의 사람으로 불린 조지 뮬러 목사님은 애슐리 타운이라는 큰 고아원을 세워 고아들을 돌보았다. 그런데 어느 날 고아원 보일러가 고장이 나 물이 새기 시작했다. 이번 겨울까지는 어떻게든 버텨주길 바랐는데 수리가 불가피한 상황이었다.
보일러를 새것으로 교체하자니 공사기간이 몇 주나 걸린다고 하고, 수리를 안 하자니 물이 너무 많이 새서 어찌할 수 없는 상황이었다. 목사님은 고민 끝에 공사를 하기로 결정하고 계획을 세웠는데 갑자기 차가운 북풍이 불어오기 시작했다. 그래서 공사가 끝날 때까지 300명이나 되는 아이들이 추위에 떨어야 할 상황이 되었다.
그때 목사님은 주님께 부르짖기 시작했다. 특별히 두 가지를 구했는데, 첫째는 북풍이 따뜻한 남풍으로 바뀌는 것이고, 둘째는 마음을 다해 일 해줄 일꾼들을 만나게 해달라는 것이었다. 목사님은 느헤미야가 예루살렘 성벽 재건을 시작했을 때 모두가 마음을 다해 재빨리 일을 마쳤던 것을 기억하면서 믿음으로 기도를 드렸다.
그러자 놀라운 일이 생겼다. 전날까지만 해도 무섭게 불던 북풍이 갑자기 남풍으로 바뀌고, 인부들도 자원하여 밤새 일을 해 30시간 만에 공사가 끝난 것이다. 그래서 아이들은 공사기간 동안 추위에 떨지 않아도 되었으며 보일러도 곧 다시 작동할 수 있게 되었다. 이처럼 조지 뮬러의 기도는 모두 응답되어 모두를 놀라게 했다.

나는 어떤 기도로 주님 앞에서 특별한 인생을 살 수 있을까요?

Togjangi Bible Study teen Series

2

어려운 질문

01 응답받지 못하는 기도의 이유는?

성경본문 마태복음 7:7-8,11, 21:21-22 ; 야고보서 4:3 ; 시편 66:18 ; 마가복음 14:32-36 ; 고린도후서 12:7-9 ; 요한복음 14:12-14
중심구절 마태복음 7:11

기도응답이 없을 때

기도응답이 없을 때
당신은 어떤 마음을 품나요?

간절히 기도했지만, 나의 기도가 응답되지 않을 때,

나는 ………………………………………… 느껴진다.

보기

• 어리석게	• 배반당한 것처럼	• 외롭게
• 실망스럽게	• 상처받은 것처럼	• 분노가
• 소용없는 일처럼	• 내가 바보 같다고	• 버림받았다고
• 사랑받지 못한 것처럼	• 기타	• 위의 감정 모두

기도응답의 원칙

마태복음 7:7-8,11

7 구하라 그리하면 너희에게 주실 것이요 찾으라 그리하면 찾아낼 것이요 문을 두드리라 그리하면 너희에게 열릴 것이니
8 구하는 이마다 받을 것이요 찾는 이는 찾아낼 것이요 두드리는 이에게는 열릴 것이니라
11 너희가 악한 자라도 좋은 것으로 자식에게 줄 줄 알거든 하물며 하늘에 계신 너희 아버지께서 구하는 자에게 좋은 것으로 주시지 않겠느냐

마태복음 21:21-22

21 예수께서 대답하여 이르시되 내가 진실로 너희에게 이르노니 만일 너희가 믿음이 있고 의심하지 아니하면 이 무화과나무에게 된 이런 일만 할 뿐 아니라 이 산더러 들려 바다에 던져지라 하여도 될 것이요
22 너희가 기도할 때에 무엇이든지 믿고 구하는 것은 다 받으리라 하시니라

야고보서 4:3 구하여도 받지 못함은 정욕으로 쓰려고 잘못 구하기 때문이라

시편 66:18 내가 나의 마음에 죄악을 품었더라면 주께서 듣지 아니하시리라

마가복음 14:32-36

32 그들이 겟세마네라 하는 곳에 이르매 예수께서 제자들에게 이르시되 내가 기도할 동안에 너희는 여기 앉아 있으라 하시고
33 베드로와 야고보와 요한을 데리고 가실새 심히 놀라시며 슬퍼하사
34 말씀하시되 내 마음이 심히 고민하여 죽게 되었으니 너희는 여기 머물러 깨어 있으라 하시고
35 조금 나아가사 땅에 엎드리어 될 수 있는 대로 이 때가 자기에게서 지나가기를 구하여
36 이르시되 아빠 아버지여 아버지께는 모든 것이 가능하오니 이 잔을 내게서 옮기시옵소서 그러나 나의 원대로 마시옵고 아버지의 원대로 하옵소서 하시고

고린도후서 12:7-9

7 여러 계시를 받은 것이 지극히 크므로 너무 자만하지 않게 하시려고 내 육체에 가시 곧 사탄의 사자를 주셨으니 이는 나를 쳐서 너무 자만하지 않게 하려 하심이라
8 이것이 내게서 떠나가게 하기 위하여 내가 세 번 주께 간구하였더니
9 나에게 이르시기를 내 은혜가 네게 족하도다 이는 내 능력이 약한 데서 온전하여짐이라 하신지라 그러므로 도리어 크게 기뻐함으로 나의 여러 약한 것들에 대하여 자랑하리니 이는 그리스도의 능력이 내게 머물게 하려 함이라

요한복음 14:12-14

12 내가 진실로 진실로 너희에게 이르노니 나를 믿는 자는 내가 하는 일을 그도 할 것이요 또한 그보다 큰 일도 하리니 이는 내가 아버지께로 감이라
13 너희가 내 이름으로 무엇을 구하든지 내가 행하리니 이는 아버지로 하여금 아들로 말미암아 영광을 받으시게 하려 함이라
14 내 이름으로 무엇이든지 내게 구하면 내가 행하리라

1. 아래 기도 고리는 기도 응답의 원칙들입니다. 성경을 읽고 각 고리에 연결되어 있는 세모 칸에 각 성경구절이 말하는 기도의 원칙을 써보세요.

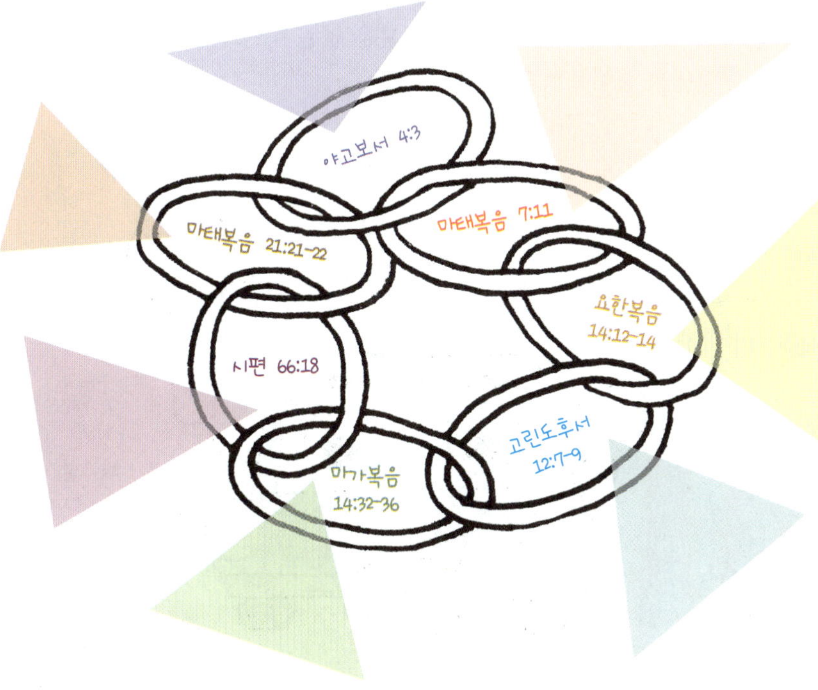

2. 하나님은 항상 응답하시는 분입니다. 아래 제시된 하나님의 응답의 방법 세 가지 중 Yes, Wait, No를 만났을 때 우리는 어떻게 해야 합니까?

Yes

Wait

No

기도 점검표

아래 자동차에는 '나의 기도' 상태를 체크해 볼 수 있는 항목이 있습니다. 나의 '믿음의 기도 자동차'에 혹시 고장 난 부분은 없는지 체크해보고, 문제점과 그에 맞는 해결책을 적어보세요.

엔진오일
나는 기도하기 전 모든 죄를 깨끗히 고백하는가?

핸들
나는 하나님의 뜻대로 이뤄지기를 구하고 있는가?

헤드라이트
나는 내 주위 사람들과 하나님 나라를 위해 기도하는가?

바퀴
나는 하나님이 최선의 것을 내게 주신다는 확신을 갖고 기도하는가?

엔진
나는 하나님이 내 기도를 항상 들으신다는 믿음을 가지고 기도하는가?

연료필터
나는 하나님과의 교제에 있어 문제가 없는가?

문제점	해결책

02 사탄은 정말로 있을까?

성경본문 요한일서 3:8 ; 고린도후서 11:14-15 ; 마태복음 4:1-3 ; 요한복음 8:44 ; 베드로전서 5:8-9 ; 야고보서 4:7 ; 에베소서 6:11-18

중심구절 야고보서 4:7

사탄에 대한 속임수

1. 어떤 이미지가 진짜 사탄입니까?

☐  ☐ 

2. 아래의 문장을 완성하세요.

① 사탄은 .... 에 산다.

보기
- 지옥
- 죄인의 마음
- 집
- 세상 어디나

② 사탄은 .... 이다.

보기
- 타락한 천사
- 와전된 존재
- 우리를 유혹하는 자
- 흡혈귀

③ 사탄은 .... 이다.

보기
- 단지 세상의 악을 설명하기 위해 만들어진 상징
- 하나님의 대적자이며 하나님과 동등한 힘을 가진 존재
- 붉고 긴 속옷을 입고 있는 난쟁이
- 실제로 존재하는 능력 있는 존재

④ 사탄의 지상 최대 목표이자 임무는 .... (이)다.

적을 알고 나를 알면 백전백승

요한일서 3:8 죄를 짓는 자는 마귀에게 속하나니 마귀는 처음부터 범죄함이라 하나님의 아들이 나타나신 것은 마귀의 일을 멸하려 하심이라

고린도후서 11:14-15

14 사탄도 자기를 광명의 천사로 가장하나니
15 그러므로 사탄의 일꾼들도 자기를 의의 일꾼으로 가장하는 것이 또한 대단한 일이 아니니라 그들의 마지막은 그 행위대로 되리라

마태복음 4:1-3

1 그 때에 예수께서 성령에게 이끌리어 마귀에게 시험을 받으러 광야로 가사
2 사십 일을 밤낮으로 금식하신 후에 주리신지라
3 시험하는 자가 예수께 나아와서 이르되 네가 만일 하나님의 아들이어든 명하여 이 돌들로 떡덩이가 되게 하라

요한복음 8:44 너희는 너희 아비 마귀에게서 났으니 너희 아비의 욕심대로 희도 행하고자 하느니라 그는 처음부터 살인한 자요 진리가 그 속에 없으므로 진리에 서지 못하고 거짓을 말할 때마다 제 것으로 말하나니 이는 그가 거짓말쟁이요 거짓의 아비가 되었음이라

베드로전서 5:8-9

8 근신하라 깨어라 너희 대적 마귀가 우는 사자 같이 두루 다니며 삼킬 자를 찾나니
9 너희는 믿음을 굳건하게 하여 그를 대적하라 이는 세상에 있는 너희 형제들도 동일한 고난을 당하는 줄을 앎이라

야고보서 4:7 그런즉 너희는 하나님께 복종할지어다 마귀를 대적하라 그리하면 너희를 피하리라

에베소서 6:11-18

11 하나님의 전신 갑주를 입으라
12 우리의 씨름은 혈과 육을 상대하는 것이 아니요 통치자들과 권세들과 이 어둠의 세상 주관자들과 하늘에 있는 악의 영들을 상대함이라
13 그러므로 하나님의 전신 갑주를 취하라 이는 악한 날에 너희가 능히 대적하고 모든 일을 행한 후에 서기 위함이라
14 그런즉 서서 진리로 너희 허리 띠를 띠고 의의 호심경을 붙이고
15 평안의 복음이 준비한 것으로 신을 신고
16 모든 것 위에 믿음의 방패를 가지고 이로써 능히 악한 자의 모든 불화살을 소멸하고
17 구원의 투구와 성령의 검 곧 하나님의 말씀을 가지라
18 모든 기도와 간구를 하되 항상 성령 안에서 기도하고 이를 위하여 깨어 구하기를 항상 힘쓰며 여러 성도를 위하여 구하라

사탄 탐색 보고서

보고자 :

- 사탄은 처음부터 ________ 했다(요일 3:8)
- 사탄은 자주 ________ 처럼 변장한다(고후 11:14).
- 사탄은 ________ 이다(요 8:44).
- 사탄은 ________ 같이 다니며 기회를 노린다(벧전 5:8).
- 사탄의 전과 기록(마 4:1-3) ________

우리의 전투 계획(약 4:7)

____

그리스도인의 방어 계획(엡 6:13-17)

1. ____ ____ 의 허리띠 : 진리이신 그리스도를 힘입어 정직, 성실, 진실하라
2. ____ 의 호심경 : 거룩한 삶으로 우리의 심장이 항상 그리스도로 충만하게 하라
3. ____ ____ 을 전하기 위한 신발 : 예수님을 증거하기 위해 준비하라
4. ____ ____ 의 방패 : 매일 말씀 읽고 기도하며 하나님 안에서 믿음을 지키라
5. ____ ____ 의 투구 : "나는 하나님의 자녀다"라는 확신을 지키라
6. ____ ____ 의 검 : 성령을 힘입어 마귀를 공격하고 승리하는 삶을 살아가라

누워서 떡 먹기

다음의 예상되는 사탄의 공격에 대한 당신의 전략은 무엇인지 말해보세요.

예상되는 공격루트 :
(육체의 영역)

나의 전략

예상되는 공격루트 :
(신앙생활의 영역)

나의 전략

예상되는 공격루트 :
(기타)

나의 전략

예상되는 공격루트 :
(기독교에 대한 공격)

나의 전략

03 지옥은 정말로 있을까?

성경본문 마태복음 25:31-34, 40-41, 46 ; 마가복음 9:45, 47-48 ; 요한계시록 20:12,15 ; 에스겔 33:11-12 ; 요한복음 3:16-18

중심구절 에스겔 33:11

당신의 견해는?

지옥에 대한 수많은 견해들 중 당신의 생각과 가장 가까운 것에 체크하고, 이유를 말해보세요.

사람이 죽으면 끝이다. 그 밖의 어떤 일도 일어나지 않는다. 지옥은 사람들의 상상력이 만들어 낸 상징일 뿐이다.

① 지옥은 상징일 뿐이다.

사람이 죽은 후에 선악을 따라 심판이 있고 결과에 따라 천국과 지옥으로 가게 된다.

② 지옥과 천국은 실재한다.

정말 착한 사람이라면 죽은 후 다시 태어난다. 즉 다른 모습으로 다시 태어나 지구로 돌아오는 것이다.

③ 지옥은 없다, 환생이 있을 뿐.

하나님은 좋은 분이다. 착하게 살다 죽은 사람은 천국에 가지만, 그렇지 않은 사람들도 그걸로 끝이지 지옥 같은 끔찍한 곳에 갈 리 없다.

④ 천국만 있을 것이다.

예수님이 분명히 말씀하신 지옥

마태복음 25:31-34,40-41,46

31 인자가 자기 영광으로 모든 천사와 함께 올 때에 자기 영광의 보좌에 앉으리니
32 모든 민족을 그 앞에 모으고 각각 구분하기를 목자가 양과 염소를 구분하는 것같이 하여
33 양은 그 오른편에 염소는 왼편에 두리라
34 그 때에 임금이 그 오른편에 있는 자들에게 이르시되 내 아버지께 복 받을 자들이여 나
아와 창세로부터 너희를 위하여 예비된 나라를 상속받으라
40 임금이 대답하여 이르시되 내가 진실로 너희에게 이르노니 너희가 여기 내 형제 중에
지극히 작은 자 하나에게 한 것이 곧 내게 한 것이니라 하시고
41 또 왼편에 있는 자들에게 이르시되 저주를 받은 자들아 나를 떠나 마귀와 그 사자들을
위하여 예비된 영영한 불에 들어가라
46 그들은 영벌에 의인들은 영생에 들어가리라 하시니라

요한계시록 20:12,15

12 또 내가 보니 죽은 자들이 큰 자나 작은
자나 그 보좌 앞에 서 있는데 책들이 펴
있고 또 다른 책이 펴졌으니 곧 생명책
이라 죽은 자들이 자기 행위를 따라 책
들에 기록된 대로 심판을 받으니
15 누구든지 생명책에 기록되지 못한 자는
불못에 던져지더라

에스겔 33:11-12

11 너는 그들에게 말하라 주 여호와의 말씀
이니라 나의 삶을 두고 맹세하노니 나는
악인이 죽는 것을 기뻐하지 아니하고 악
인이 그의 길에서 돌이켜 떠나 사는 것
을 기뻐하노라 이스라엘 족속아 돌이키
고 돌이키라 너희 악한 길에서 떠나라
어찌 죽고자 하느냐 하셨다 하라
12 인자야 너는 네 민족에게 이르기를 의
인이 범죄하는 날에는 그 공의가 구원하
지 못할 것이요 악인이 돌이켜 그 악에
서 떠나는 날에는 그 악이 그를 엎드러
뜨리지 못할 것인즉 의인이 범죄하는 날
에는 그 의로 말미암아 살지 못하리라

1. 예수님이 묘사하신 지옥은 어떤 곳인가요?

- 마태복음 25:41

____

____

- 마가복음 9:48

____

____

- 요한계시록 20:15

____

____

요한복음 3:16-18

16 하나님이 세상을 이처럼 사랑하사 독생자
를 주셨으니 이는 그를 믿는 자마다 멸망
하지 않고 영생을 얻게 하려 하심이라
17 하나님이 그 아들을 세상에 보내신 것은
세상을 심판하려 하심이 아니요 그로 말미
암아 세상이 구원을 받게 하려 하심이라
18 그를 믿는 자는 심판을 받지 아니하는 것
이요 믿지 아니하는 자는 하나님의 독생자
의 이름을 믿지 아니하므로 벌써 심판을
받은 것이니라

마가복음 9:45, 47-48

45 만일 네 발이 너를 범죄하게 하거든 찍
어버리라 다리 저는 자로 영생에 들어가
는 것이 두 발을 가지고 지옥에 던져지
는 것보다 나으니라
47 만일 네 눈이 너를 범죄하게 하거든 빼
버리라 한 눈으로 하나님의 나라에 들어
가는 것이 두 눈을 가지고 지옥에 던져
지는 것보다 나으니라
48 거기에서는 구더기도 죽지 않고 불도
꺼지지 아니하느니라

2. 제시된 본문을 읽고 천국이나 지옥에 가게 되는 조건을 써보세요.

3. 우리가 영생을 얻으려면 어떻게 해야 하나요?(요 3:16)

지옥이 정말 있다면, 내가 할 일은?

성경은 분명히 영생과 영벌이 있음을 밝히고 있습니다. 이 사실을 새롭게 깨닫게 되었다면, 내가 당장 해야 할 일은 무엇일까요?

1. 당신은 죽음 이후에 어떤 코스로 여행하기를 원하나요? A코스 혹은 B코스

2. A코스를 선택했다면, 꼭 함께 여행해야 하는 사람은?

04 이단이 도대체 뭐야?

성경본문 요한일서 2:18-27, 4:1 ; 마태복음 24:3-5
중심구절 요한일서 4:1

달라! 달라?

이단교회를 집중 조명한 시사다큐프로그램을 본 친구들과 토리 사이에 논쟁이 붙었습니다. 친구들은 “이단교회나 네가 다니는 교회나 교회면 다 똑같다”고 주장하고, 토리는 아니라고 말하고 있습니다. 그때 한 친구가 토리에게 “그럼 너희 교회가 이단교회와 뭐가 다른데?”라고 물었습니다. 이 상황에서 당신이 토리라면 어떻게 대답할 수 있을까요? 아래 자신의 생각을 써보세요.

무엇이 다를까?

참과 거짓을 분별하라

요한일서 2:18-27

18 아이들아 지금은 마지막 때라 적그리스도가 오리라는 말을 너희가 들은 것과 같이 지금도 많은 적그리스도가 일어났으니 그러므로 우리가 마지막 때인 줄 아노라

19 그들이 우리에게서 나갔으나 우리에게 속하지 아니하였나니 만일 우리에게 속하였더라면 우리와 함께 거하였으려니와 그들이 나간 것은 다 우리에게 속하지 아니함을 나타내려 함이니라

20 너희는 거룩하신 자에게서 기름 부음을 받고 모든 것을 아느니라

21 내가 너희에게 쓰는 것은 너희가 진리를 알지 못하기 때문이 아니라 알기 때문이요 또 모든 거짓은 진리에서 나지 않기 때문이라

22 거짓말하는 자가 누구냐 예수께서 그리스도이심을 부인하는 자가 아니냐 아버지와 아들을 부인하는 그가 적그리스도니

23 아들을 부인하는 자에게는 또한 아버지가 없으되 아들을 시인하는 자에게는 아버지도 있느니라

24 너희는 처음부터 들은 것을 너희 안에 거하게 하라 처음부터 들은 것이 너희 안에 거하면 너희가 아들과 아버지 안에 거하리라

25 그가 우리에게 약속하신 것은 이것이니 곧 영원한 생명이니라

26 너희를 미혹하는 자들에 관하여 내가 이것을 너희에게 썼노라

27 너희는 주께 받은 바 기름 부음이 너희 안에 거하나니 아무도 너희를 가르칠 필요가 없고 오직 그의 기름 부음이 모든 것을 너희에게 가르치며 또 참되고 거짓이 없으니 너희를 가르치신 그대로 주 안에 거하라

요한일서 4:1 사랑하는 자들아 영을 다 믿지 말고 오직 영들이 하나님께 속하였나 분별하라 많은 거짓 선지자가 세상에 나왔음이라

마태복음 24:3-5

3 예수께서 감람 산 위에 앉으셨을 때에 제자들이 조용히 와서 이르되 우리에게 이르소서 어느 때에 이런 일이 있겠사오며 또 주의 임하심과 세상 끝에는 무슨 징조가 있사오리이까

4 예수께서 대답하여 이르시되 너희가 사람의 미혹을 받지 않도록 주의하라

5 많은 사람이 내 이름으로 와서 이르되 나는 그리스도라 하여 많은 사람을 미혹하리라

1. 요한은 마지막 때에 어떤 일이 있을 것이라고 말했나요?(요일 2:18)

2. 요한이 말한 적그리스도의 특징은 무엇이며 그들이 주로 사용하는 거짓말은 무엇인가요?(요일 2:19,22)

3. 예수님이 그리스도임을 부인하는 적그리스도 혹은 미혹케 하는 이들에 대해 우리는 어떻게 대처해야 하나요?(요일 2:24,27, 4:1)

이단 대처법

'이단'을 분별하기 위해 우리는 어떻게 해야 할까요? 아래 보기에서 마음에 드는 대처법을 골라 당신이 할 수 있는 실천사항을 써보세요.

방어 1.

말씀 중심, 교회 중심으로 굳게 서서 그리스도에 대한 진리로 무장한다.

방어 2.

교회와 가정을 든든히 하여 이단이 교회와 가정을 무너뜨리려 할 때 꿋꿋하게 지킨다.

공격 1.

강력한 중보기도, 대적기도를 통해 성령님의 도우심을 받아 이단의 무리를 공격한다.

공격 2.

이단에 대한 정보를 공유하고 적극적으로 대처하며, 목회자나 이단을 분별하고 대처하는 단체의 도움을 받는다.

05 중독, 어두운 그림자

성경본문 전도서 2:1-14,8,10-11 ; 고린도전서 6:19-20 ; 히브리서 2:14-18
중심구절 히브리서 2:18

행복의 파랑새?

다음 각 항목에 대해 우리 반 친구들이 빠져 있다고 예상되는 숫자를 써보세요.

스마트폰	명 /	명중
음란동영상	명 /	명중
인터넷	명 /	명중
담배	명 /	명중
돈 모으기	명 /	명중
음악	명 /	명중
게임	명 /	명중
기타	명 /	명중

헛되고 헛되도다

전도서 2:1-4,8,10-11

1 나는 내 마음에 이르기를 자, 내가 시험삼아 너를 즐겁게 하리니 너는 낙을 누
리라 하였으나 보라 이것도 헛되도다
2 내가 웃음에 관하여 말하여 이르기를 그것은 미친 것이라 하였고 희락에 대하
여 이르기를 이것이 무슨 소용이 있는가 하였노라
3 내가 내 마음으로 깊이 생각하기를 내가 어떻게 하여야 내 마음을 지혜로 다스
리면서 술로 내 육신을 즐겁게 할까 또 내가 어떻게 하여야 천하의 인생들이
그들의 인생을 살아가는 동안 어떤 것이 선한 일인지를 알아볼 때까지 내 어리
석음을 꼭 붙잡아 둘까 하여
4 나의 사업을 크게 하였노라 내가 나를 위하여 집들을 짓고 포도원을 일구며
8 은 금과 왕들이 소유한 보배와 여러 지방의 보배를 나를 위하여 쌓고 또 노래
하는 남녀들과 인생들이 기뻐하는 처첩들을 많이 두었노라
10 무엇이든지 내 눈이 원하는 것을 내가 금하지 아니하며 무엇이든지 내 마음이
즐거워하는 것을 내가 막지 아니하였으니 이는 나의 모든 수고를 내 마음이
기뻐하였음이라 이것이 나의 모든 수고로 말미암아 얻은 몫이로다
11 그 후에 내가 생각해 본즉 내 손으로 한 모든 일과 내가 수고한 모든 것이 다
헛되어 바람을 잡는 것이며 해 아래에서 무익한 것이로다

1. 솔로몬은 자신의 쾌락을 위해 어떤 일들을 했나요?

전도서 2:3	전도서 2:4,8	전도서 2:8

2. 쾌락을 위해 이 모든 일을 했던 솔로몬의 결론은 무엇인가요?(전 2:11)

고린도전서 6:19-20

19 너희 몸은 너희가 하나님께로부터 받은바 너희 가운데 계신 성령의 전인 줄을
알지 못하느냐
20 너희는 너희 자신의 것이 아니라 값으로 산 것이 되었으니 그런즉 너희 몸으
로 하나님께 영광을 돌리라

히브리서 2:14-18

14 자녀들은 혈과 육에 속하였으매 그도 또한 같은 모양으로 혈과 육을 함께 지
니심은 죽음을 통하여 죽음의 세력을 잡은 자 곧 마귀를 멸하시며
15 또 죽기를 무서워하므로 한평생 매여 종 노릇 하는 모든 자들을 놓아 주려 하
심이니
16 이는 확실히 천사들을 붙들어 주려 하심이 아니요 오직 아브라함의 자손을 붙
들어 주려 하심이라
17 그러므로 그가 범사에 형제들과 같이 되심이 마땅하도다 이는 하나님의 일에
자비하고 신실한 대제사장이 되어 백성의 죄를 속량하려 하심이라
18 그가 시험을 받아 고난을 당하셨은즉 시험 받는 자들을 능히 도우실 수 있느
니라

3. 우리가 중독에서 벗어나야 하는 이유는 무엇인가요?(고전 6:19)

4. 중독에서 벗어나도록 도와주실 수 있는 분은 누구이며 그 이유는 무엇인가요?

정말 괜찮다고 생각해?

우리의 육체를 즐겁게 하기 위해 행하는 일들이 사실은 우리를 병들게 하고 어렵게 만들 때가 훨씬 많습니다. 아래 표에 내가 벗어나야 하는 중독에 대해 자신만의 암호로 적어보고, 이것이 왜 나쁜지, 벗어나기 위해서 어떤 노력들을 하고 싶은지 적어보세요.

나는 사실 .... 에 빠져 있어.

이것이 ....

....

.... 때문에 나쁘다는 것을 알아.

좋아, 이제 벗어나자!

벗어나기 위해 내가 해야 하는 계획은?

-
-
-

06 내가 고통당할 때 하나님은 어디 계시나요?

성경본문 누가복음 7:11-17 ; 고린도전서 10:13 ; 이사야 40:30-31
중심구절 고린도전서 10:13

밑바닥

당신에게 감당치 못할 만큼의 일이 일어난 적이 있나요? 가장 충격적인 사건이 있었다면 적어보세요. 비밀로 하고 싶다면 기호로 적어도 좋습니다.

• 언제 • 어디서

• 어떤 일

마지막 소망이 사라졌을 때

누가복음 7:11-17

11 그 후에 예수께서 나인이란 성으로 가실새 제자와 많은 무리가 동행하더니
12 성문에 가까이 이르실 때에 사람들이 한 죽은 자를 메고 나오니 이는 한 어머
니의 독자요 그의 어머니는 과부라 그 성의 많은 사람도 그와 함께 나오거늘
13 주께서 과부를 보시고 불쌍히 여기사 울지 말라 하시고
14 가까이 가서 그 관에 손을 대시니 멘 자들이 서는지라 예수께서 이르시되 청
년아 내가 네게 말하노니 일어나라 하시매
15 죽었던 자가 일어나 앉고 말도 하거늘 예수께서 그를 어머니에게 주시니
16 모든 사람이 두려워하며 하나님께 영광을 돌려 이르되 큰 선지자가 우리 가운
데 일어나셨다 하고 또 하나님이 자기 백성을 돌보셨다 하더라
17 예수께 대한 이 소문이 온 유대와 사방에 두루 퍼지니라

1. 나인 성의 과부는 왜 슬프게 울고 있었을까요?(눅 7:12)

2. 예수님이 죽은 아들의 관을 만지신 이유는 무엇인지 추측해보세요(눅 7:15)

3. 예수님이 과부에게 행하신 일은 무엇이며 어떤 의미인가요?(눅 7:14)

고린도전서 10:13

사람이 감당할 시험 밖에는 너희가 당한 것이 없나니 오직 하나님은 미쁘사 너희가 감당하지 못할 시험 당함을 허락하지 아니하시고 시험 당할 즈음에 또한 피할 길을 내사 너희로 능히 감당하게 하시느니라

이사야 40:30-31

30 소년이라도 피곤하며 곤비하며 장정이라도 넘어지며 쓰러지되
31 오직 여호와를 앙망하는 자는 새 힘을 얻으리니 독수리가 날개치며 올라감 같을 것이요 달음박질하여도 곤비하지 아니하겠고 걸어가도 피곤하지 아니하리로다

4. 고통을 만났을 때 그리스도인으로서 우리는 어떻게 해야 하나요?

5. 하나님은 우리가 겪는 고난의 문제에 대해 어떤 약속을 하셨나요?

① 고린도전서 10:13

② 이사야 40:31

고통이 닥쳐도

누구나 고통을 겪습니다. 그럴 때, 당신이 낙망하고 넘어지지 않기 위해서 기억해야 하는 것은 무엇일까요? 아래 사다리타기를 하면서 고통을 겪는 당신에게 주시는 하나님의 말씀을 기억하고, '고통 이기기 처방전'을 만들어봅시다.

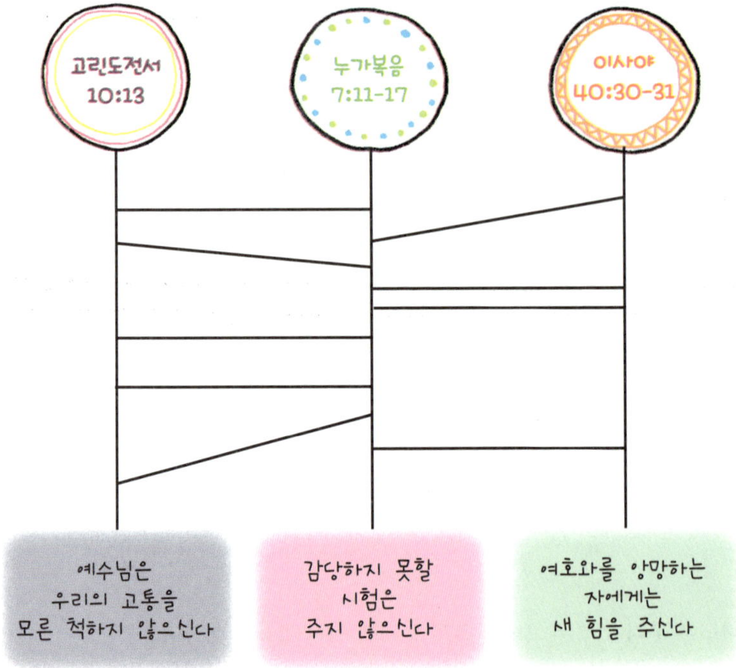

내가 고통당할 때, 하나님은

______________ 하신다.

그러므로 나는 ....

....

07 내가 그리스도인이라서 곤란할 때 하나님은 어디 계시나요?

성경본문 다니엘 1:1-20
중심구절 다니엘 1:8-9

압박

학교에서 그리스도인으로 살아가는 것이 힘들게 느껴진 적이 있었나요?
그리스도인답게 행동하는 것이 왠지 모를 압박으로 다가온 적이 있었나요?
당신에게 가장 힘들었던 압박은 무엇이었는지 적어보세요.

신앙 양심

다니엘 1:1-20

1 유다 왕 여호야김이 다스린 지 삼 년이 되
는 해에 바벨론 왕 느부갓네살이 예루살
렘에 이르러 성을 에워쌌더니
2 주께서 유다 왕 여호야김과 하나님의 전
그릇 얼마를 그의 손에 넘기시매 그가 그
것을 가지고 시날 땅 자기 신들의 신전에
가져다가 그 신들의 보물 창고에 두었더라
3 왕이 환관장 아스부나스에게 말하여 이스
라엘 자손 중에서 왕족과 귀족 몇 사람
4 곧 흠이 없고 용모가 아름다우며 모든 지
혜를 통찰하며 지식에 통달하며 학문에
익숙하여 왕궁에 설 만한 소년을 데려오
게 하였고 그들에게 갈대아 사람의 학문
과 언어를 가르치게 하였고
5 또 왕이 지정하여 그들에게 왕의 음식과
그가 마시는 포도주에서 날마다 쓸 것을
주어 삼 년을 기르게 하였으니 그 후에 그
들은 왕 앞에 서게 될 것이더라
6 그들 가운데는 유다 자손 곧 다니엘과 하
나냐와 미사엘과 아사랴가 있었더니
7 환관장이 그들의 이름을 고쳐 다니엘은
벨드사살이라 하고 하나냐는 사드락이라
하고 미사엘은 메삭이라 하고 아사랴는
아벳느고라 하였더라
8 다니엘은 뜻을 정하여 왕의 음식과 그가
마시는 포도주로 자기를 더럽히지 아니하
리라 하고 자기를 더럽히지 아니하도록
환관장에게 구하니
9 하나님이 다니엘로 하여금 환관장에게 은
혜와 긍휼을 얻게 하신지라
10 환관장이 다니엘에게 이르되 내가 내 주
왕을 두려워하노라 그가 너희 먹을 것과
너희 마실 것을 지정하셨거늘 너희의 얼
굴이 초췌하여 같은 또래의 소년들만 못
한 것을 그가 보게 할 것이 무엇이냐 그
렇게 되면 너희 때문에 내 머리가 왕 앞
에서 위태롭게 되리라 하니라
11 환관장이 다니엘과 하나냐와 미사엘과
아사랴를 감독하게 한 자에게 다니엘이
말하되
12 청하오니 당신의 종들을 열흘 동안 시험
하여 채식을 주어 먹게 하고 물을 주어
마시게 한 후에
13 당신 앞에서 우리의 얼굴과 왕의 음식
을 먹는 소년들의 얼굴을 비교하여 보아
서 당신이 보는 대로 종들에게 행하소서
하매
14 그가 그들의 말을 따라 열흘 동안 시험하
더니
15 열흘 후에 그들의 얼굴이 더욱 아름답고
살이 더욱 윤택하여 왕의 음식을 먹는 다
른 소년들보다 더 좋아 보인지라
16 그리하여 감독하는 자가 그들에게 지정
된 음식과 마실 포도주를 제하고 채식을
주니라
17 하나님이 이 네 소년에게 학문을 주시고
모든 서적을 깨닫게 하시고 지혜를 주셨
으니 다니엘은 또 모든 환상과 꿈을 깨달
아 알더라
18 왕이 말한 대로 그들을 불러들일 기한이
찼으므로 환관장이 그들을 느부갓네살
앞으로 데리고 가니
19 왕이 그들과 말하여 보매 무리 중에 다니
엘과 하나냐와 미사엘과 아사랴와 같은
자가 없으므로 그들을 왕 앞에 서게 하고
20 왕이 그들에게 모든 일을 묻는 중에 그
지혜와 총명이 온 나라 박수와 술객보다
십 배나 나은 줄을 아니라

1. 다니엘과 세 친구에게 일어난 상황을 본문에서 찾아 그림과 함께 정리해보세요.

1:8-10

1:11-14

1:15-16

1:17-20

2. 다니엘과 세 친구가 왕의 진미를 거절하고 채식을 택한 이유는 무엇인가요?(단 1:8)

3. 믿음의 양심을 지킨 네 사람에게 하나님이 주신 축복은 무엇이었나요?(단 1:15,20)

민수는 어떻게 해야 해?

다음 민수의 이야기를 읽고 아래 문제들을 토론해보세요.

중 3인 민수는 예수님을 구주로 영접한 그리스도인이었지만 단 한 가지 문제가 있었어요. 그것은 민수의 행동이 교회와 학교에서 완전히 달랐다는 거예요. 교회에서는 착하게 행동했지만 학교에서는 욕도 하고 다른 친구들을 무시하며 자기를 과시하곤 했던 것이지요. 왜냐하면 그렇게 하지 않으면 친구들이 자기랑 놀아주지 않을 거라고 생각했기 때문이에요. 학교에서는 아무렇지도 않게 나쁜 행동을 했지만 민수의 마음이 편했던 것은 아니에요. 교회에 오면 죄책감이 들었거든요.

'내가 예수님을 믿는다면 이렇게 행동할 수 없어!'

그러나 변하지 않는 자신의 모습에 참 많이 괴로웠어요. 그래도 교회에 빠지지 않고 열심히 다녔지요. 진짜 그리스도인처럼 살려고 노력도 했어요. 그럴 때마다 친구들과 멀어지는 기분이 들어 실패했지만요.

결국 민수는 '그리스도인이 되는 건 너무 힘들어'라는 결론을 내리고, 그때부터 거리낌 없이 술도 마시고 약한 친구들을 괴롭혔어요. 그때 함께 교회를 다닌 친구들은 변해버린 민수에게 어떤 말을 해야 할지 몰라 피하기만 했고요. 민수는 지금도 가끔 예수님을 떠올린대요. 그렇지만 그때마다 죄책감이 느껴져 웬만하면 예수님 생각을 안 하려고 노력한다고 해요.

- 민수의 생활은 모든 기독교인들이 겪는 것입니까?
- 어떻게 민수의 문제가 해결될 수 있을까요?
- 학교 친구들과 잘 어울리는 것이 잘못된 것일까요?
- 민수가 어떻게 행동했어야 했나요?
- 민수와 같은 학생이 우리 교회에 왔다면 우리는 어떻게 해야 할까요?

너희는 이 세대를 본받지 말고 오직 마음을 새롭게 함으로 변화를 받아 하나님의 선하시고 기뻐하시고 온전하신 뜻이 무엇인지 분별하도록 하라(롬 12:2)

08 내가 죽고 싶을 때 하나님은 어디 계시나요?

성경본문 열왕기상 19:4-18 ; 출애굽기 20:13 ; 시편 119:109
중심구절 시편 119:116

옥상 위에서

한 소녀가 옥상 위에 올라갔습니다. 그녀는 죽고 싶은 마음뿐입니다. 그녀가 죽고 싶어하는 이유는 무엇일까요? 추측해보세요.

- 질문 1. 만약, 이 소녀가 참 그리스도인이라면 자살을 생각할 수 있을까요?
- 질문 2. 만약, 이 소녀가 정말로 죽음을 선택한다면, 그녀의 부모님이나 사랑하는 사람들에게 어떤 영향을 끼치게 될까요?

죽고 싶을 만큼 힘이 들어요

1. 엘리야가 죽음을 구할 만큼 두려워하고 외로워한 이유는 무엇인가요? 세 가지 측면에서 생각해보고 대답하세요.

영적인 측면	육체적 측면(4절)	정신적 측면(10절)

2. 힘겨워하는 엘리야에게 하나님이 내리신 처방은 무엇이었나요?

로뎀나무 아래에서	호렙산에서

3. 자살은 십계명 중 어떤 항목을 어기는 행동인가요?(출 20:13)

4. 우리 생명이 위기에 있을 때 무엇을 기억해야 하나요?(시 119:109)

열왕기상 19:4-18

4 자기 자신은 광야로 들어가 하룻길쯤 가
서 한 로뎀 나무 아래에 앉아서 자기가
죽기를 원하여 이르되 여호와여 넉넉하
오니 지금 내 생명을 거두시옵소서 나는
내 조상들보다 낫지 못하니이다 하고
5 로뎀 나무 아래에 누워 자더니 천사가
그를 어루만지며 그에게 이르되 일어
나서 먹으라 하는지라
6 본즉 머리맡에 숯불에 구운 떡과 한 병
물이 있더라 이에 먹고 마시고 다시 누
웠더니
7 여호와의 천사가 또 다시 와서 어루만
지며 이르되 일어나 먹으라 네가 갈 길
을 다 가지 못할까 하노라 하는지라
8 이에 일어나 먹고 마시고 그 음식물의
힘을 의지하여 사십 주 사십 야를 가서
하나님의 산 호렙에 이르니라
9 엘리야가 그 곳 굴에 들어가 거기서 머
물더니 여호와의 말씀이 그에게 임하
여 이르시되 엘리야야 네가 어찌하여
여기 있느냐
10 그가 대답하되 내가 만군의 하나님 여
호와께 열심이 유별하오니 이는 이스
라엘 자손이 주의 언약을 버리고 주의
제단을 헐며 칼로 주의 선지자들을 죽
였음이오며 오직 나만 남았거늘 그들
이 내 생명을 찾아 빼앗으려 하나이다
11 여호와께서 이르시되 너는 나가서 여
호와 앞에서 산에 서라 하시더니 여호
와께서 지나가시는데 여호와 앞에 크
고 강한 바람이 산을 가르고 바위를
부수나 바람 가운데에 여호와께서 계
시지 아니하며 바람 후에 지진이 있으
나 지진 가운데에도 여호와께서 계시
지 아니하며
12 또 지진 후에 불이 있으나 불 가운데
에도 여호와께서 계시지 아니하더니
불 후에 세미한 소리가 있는지라
13 엘리야가 듣고 겉옷으로 얼굴을 가리
고 나가 굴 어귀에 서매 소리가 그에
게 임하여 이르시되 엘리야야 네가 어
찌하여 여기 있느냐
14 그가 대답하되 내가 만군의 하나님 여
호와께 열심이 유별하오니 이는 이스
라엘 자손이 주의 언약을 버리고 주의
제단을 헐며 칼로 주의 선지자들을 죽
였음이오며 오직 나만 남았거늘 그들
이 내 생명을 찾아 빼앗으려 하나이다
15 여호와께서 그에게 이르시되 너는 네
길을 돌이켜 광야를 통하여 다메섹에
가서 이르거든 하사엘에게 기름을 부
어 아람의 왕이 되게 하고
16 너는 또 님시의 아들 예후에게 기름을
부어 이스라엘의 왕이 되게 하고 또
아벨므홀라 사밧의 아들 엘리사에게
기름을 부어 너를 대신하여 선지자가
되게 하라
17 하사엘의 칼을 피하는 자를 예후가 죽
일 것이요 예후의 칼을 피하는 자를
엘리사가 죽이리라
18 그러나 내가 이스라엘 가운데에 칠천
명을 남기리니 다 바알에게 무릎을 꿇
지 아니하고 다 바알에게 입 맞추지
아니한 자니라

출애굽기 20:13 살인하지 말라

시편 119:109

109 나의 생명이 항상 위기에 있사오나
나는 주의 법을 잊지 아니하나이다

서약서

만약 너무 고통스러워서 자살하고 싶을 때, 나는 다음과 같이 할 것을 서약합니다.

- **첫째, 손 내밀기** 내가 다니는 교회에는 나에게 관심을 갖고 있는 친구들이 많다는 것을 생각하겠습니다.
- **둘째, 도움 청하기** 선생님이나 친구들, 혹은 부모님 등 내가 믿을 수 있는 사람에게 전화를 걸어서 나의 감정을 말하겠습니다.
- **셋째, 자신을 사랑하기** 내가 얼마나 소중한 존재인지를 기억하고 나를 사랑하려는 노력을 계속하겠습니다.
- **넷째, 기억하기** 자살은 하나님의 뜻이 아님을 기억하고, 신실하신 하나님이 도와주실 수 있음을 기억하겠습니다.

만약 친구가 나에게 전화를 걸어 자살하고 싶다고 하면 나는 다음과 같이 하겠습니다.

- **첫째, 만나기** 친구의 고통에 대해 진지하게 이야기를 듣겠습니다.
- **둘째, 도와주기** 내가 도와줄 수 있는 일은 즉시 도와주고, 도움을 줄 수 있는 방법을 찾아 알려주겠습니다.
- **셋째, 전하기** 예수님만이 그 절망을 해결해 줄 수 있는 분임을 전하겠습니다.
- **넷째, 기억하기** 자살은 하나님의 뜻이 아님을 기억하고, 신실하신 하나님이 도와주실 수 있음을 기억하겠습니다.

날짜 __________ 서명 ____________

Toggijangi Bible Study teen series

3

대림절과 크리스마스 Ⅱ

01 가브리엘의 방문 • **02** 성령으로 기뻐한 사람들 •
03 베들레헴에 오신 왕 • **04** 성탄예배 : 찬송하는 목자들

01 가브리엘의 방문

성경본문 누가복음 1:26-38
중심구절 누가복음 1:38

믿을 수 없는 일

아래 그림을 보고 여러분이 아는 대로 임신의 과정을 설명해보세요.

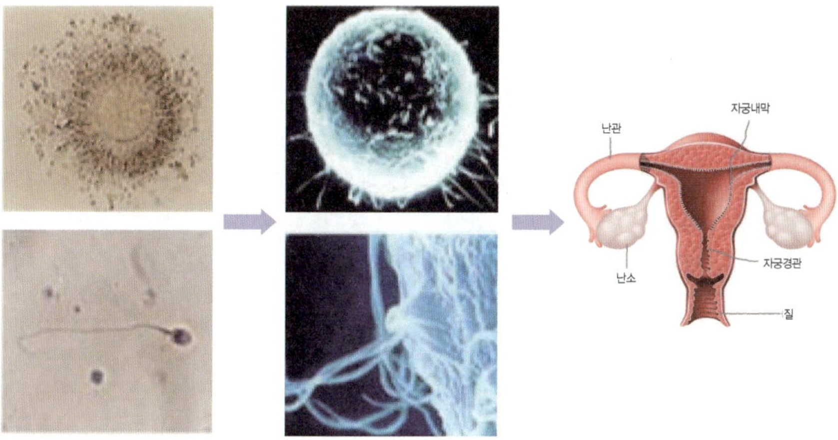

과학적으로 보았을 때, 마리아가 성령으로 잉태한 일을
어떻게 이해해야 할까요?

가브리엘의 방문

누가복음 1: 26-38

26 여섯째 달에 천사 가브리엘이 하나님의 보내심을 받아 갈릴리 나사렛이란 동
네에 가서
27 다윗의 자손 요셉이라 하는 사람과 약혼한 처녀에게 이르니 그 처녀의 이름은
마리아라
28 그에게 들어가 이르되 은혜를 받은 자여 평안할지어다 주께서 너와 함께 하시
도다 하니
29 처녀가 그 말을 듣고 놀라 이런 인사가 어찌함인가 생각하매
30 천사가 이르되 마리아여 무서워하지 말라 네가 하나님께 은혜를 입었느니라
31 보라 네가 잉태하여 아들을 낳으리니 그 이름을 예수라 하라
32 그가 큰 자가 되고 지극히 높으신 이의 아들이라 일컬어질 것이요 주 하나님
이 그 조상 다윗의 왕위를 그에게 주시리니
33 영원히 야곱의 집을 왕으로 다스리실 것이며 그 나라가 무궁하리라
34 마리아가 천사에게 말하되 나는 남자를 알지 못하니 어찌 이 일이 있으리이까
35 천사가 대답하여 이르되 성령이 네게 임하시고 지극히 높으신 이의 능력이 너
를 덮으시리니 이러므로 나실 바 거룩한 이는 하나님의 아들이라 일컬어지리라
36 보라 네 친족 엘리사벳도 늙어서 아들을 배었느니라 본래 임신하지 못한다고
알려진 이가 이미 여섯 달이 되었나니
37 대저 하나님의 모든 말씀은 능하지 못하심이 없느니라
38 마리아가 이르되 주의 여종이오니 말씀대로 내게 이루어지이다 하매 천사가
떠나가니라

1. 가브리엘은 마리아에게 예수님의 잉태에 대해 어떻게 설명했나요?(눅 1:35)

2. 가브리엘은 마리아에게 낳게 될 아들이 어떤 분이라고 말했습니까?(눅 1:32-33)

- 지위
- 누구의 아들
- 다스릴 나라
- 그가 다스릴 나라의 운명은?

3. 마리아는 가브리엘의 말에 무엇이라고 대답했나요?(눅 1:38)

4. 마리아는 어떻게 순종할 수 있었을까요?

당신도 yes할 수 있나요?

하나님이 우리에게 명령하실 때 나는 어떻게 반응하나요?

일단 들어보고 타입

먼저 그 일을 내가 할 수 있는지, 내게 피해가 되지 않는지 계산하고, 감당할 만하면 YES 하는 타입

즉각 거부 타입

무조건 못한다고 하는 유형으로 일단 순종의 길로 들어서면 내 맘대로 못살게 될까봐 걱정하는 타입

즉각 순종 타입

하나님의 음성을 듣거나, 깨닫고 그분의 일에 동참하며, 다른 사람들은 거의 경험하지 못하는 하나님의 특별한 축복을 경험하는 타입

하나님이 당신에게 하나님 나라를 위하여 무엇인가를 부탁하신다면 당신은 어떻게 대답할 건가요?

02 성령으로 기뻐한 사람들

성경본문 누가복음 1:39-44, 2:25-32
중심구절 누가복음 1:44

당신을 기쁘게 하는 것은?

성탄절 선물

파티

성탄장식

기타

성령으로 기뻐한 사람들

누가복음 1:39-44

39 이 때에 마리아가 일어나 빨리 산골로 가서 유대 한 동네에 이르러
40 사가랴의 집에 들어가 엘리사벳에게 문안하니
41 엘리사벳이 마리아가 문안함을 들으매 아이가 복중에서 뛰노는지라 엘리사벳
이 성령의 충만함을 받아
42 큰 소리로 불러 이르되 여자 중에 네가 복이 있으며 네 태중의 아이도 복이
있도다
43 내 주의 어머니가 내게 나아오니 이 어찌 된 일인가
44 보라 네 문안하는 소리가 내 귀에 들릴 때에 아이가 내 복중에서 기쁨으로 뛰
놀았도다

1. 엘리사벳이 마리아를 만났을 때 엘리사벳과 아이는 어떤 반응을 보였나요?(눅 1:41)

2. 엘리사벳과 아이는 어떻게 마리아가 구세주를 잉태했음을 알게 되었나요?(눅 1:41)

3. 시므온은 어떻게 아기 예수가 구세주임을 알아보았나요?(눅 2:27)

누가복음 2:25-32

25 예루살렘에 시므온이라 하는 사람이 있으니 이 사람이 의롭고 경건하여 이스
라엘의 위로를 기다리는 자라 성령이 그 위에 계시더라
26 저가 주의 그리스도를 보기 전에 죽지 아니하리라 하는 성령의 지시를 받았
더니
27 성령의 감동으로 성전에 들어가매 마침 부모가 율법의 전례대로 행하고자 하
여 그 아기 예수를 데리고 오는지라
28 시므온이 아기를 안고 하나님을 찬송하여 가로되
29 주재여 이제는 말씀하신대로 종을 평안히 놓아 주시는도다
30 내 눈이 주의 구원을 보았사오니
31 이는 만민 앞에 예비하신 것이요
32 이방을 비추는 빛이요 주의 백성 이스라엘의 영광이니이다 하니

4. 시므온은 예수님이 어떤 분이라고 말하며 찬송하였나요?(눅 2:30-32)

5. 성탄을 준비하는 우리에게 참된 기쁨을 주시는 분은 누구인가요?

단어 퍼즐

다음 영어 퀴즈를 풀고 영어 퀴즈 속 별표가 있는 글자들을 조합하여 마지막 문제를 풀어보세요.

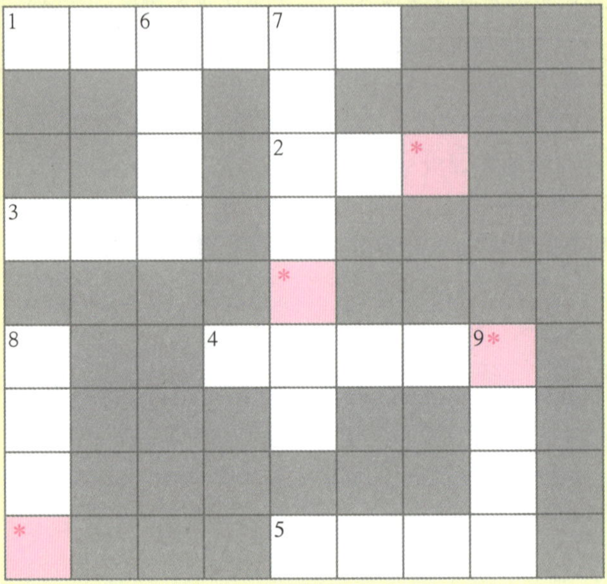

가로 문제

① 주는 [ ]시오 살아계신 하나님의 아들이십니다!
② [ ], 둘, 셋, 넷, 다섯
③ 태양
④ [ ] Birthday to you
⑤ 한 시간 = 1 [ ]

세로 문제

⑥ 대기 중의 수증기가 높은 곳에서 찬 공기를 만나 식어서 엉기어 땅 위로 떨어지는 물방울
⑦ 한 겨울에 밀짚모자 꼬마 [ ]
⑧ 하나, 둘, 셋 , [ ], 다섯
⑨ Happy new [ ]!

성탄절에 우리는 성령으로 어떻게 해야 하나요?

		R		

03 베들레헴에 오신 왕

성경본문 누가복음 2:1-7, 10-14
중심구절 누가복음 2:11

당신에게 이런 일이 일어난다면!

여관 종업원인 당신에게 요셉과 마리아가 찾아왔습니다. 곧 아이를 낳을 것 같다며 방을 구하지만, 방은 이미 꽉차버린 상태! 있을 곳이라곤 당신이 머무는 초라한 마구간뿐인데, 그나마 주인이 알게 되면 혼날지도 모릅니다. 당신이라면 이제 막 아이를 낳을 것 같은 이 부부를 위해 무엇을 할 수 있을까요?

나의 선택은?

1. ....

2. ....

3. ....

말구유에 오신 왕

누가복음 2:1-7, 10-14

1 그 때에 가이사 아구스도가 영을 내려 천하로 다 호적하라 하였으니
2 이 호적은 구레뇨가 수리아 총독 되었을 때에 처음 한것이라
3 모든 사람이 호적하러 각각 고향으로 돌아가매
4 요셉도 다윗의 집 족속인 고로 갈릴리 나사렛 동네에서 유대를 향하여 베들레
헴이라 하는 다윗의 동네로
5 그 정혼한 마리아와 함께 호적하러 올라가니 마리아가 이미 잉태되었더라
6 거기 있을 그 때에 해산할 날이 차서
7 맏아들을 낳아 강보로 싸서 구유에 뉘었으니 이는 여관에 있을 곳이 없음이러라
10 천사가 이르되 무서워하지 말라 보라 내가 온 백성에게 미칠 큰 기쁨의 좋은
소식을 너희에게 전하노라
11 오늘 다윗의 동네에 너희를 위하여 구주가 나셨으니 곧 그리스도 주시니라
12 너희가 가서 강보에 싸여 구유에 뉘어 있는 아기를 보리니 이것이 너희에게
표적이니라 하더니
13 홀연히 수많은 천군이 그 천사들과 함께 하나님을 찬송하여 이르되
14 지극히 높은 곳에서는 하나님께 영광이요 땅에서는 하나님이 기뻐하신 사람
들 중에 평화로다 하니라

1. 요셉과 마리아가 고향인 베들레헴으로 가는 도중 아이를 낳기 위해 여관에 들렀을 때 당시 여관이 만원이었던 이유는 무엇인가요?(눅 2:1)

2. 아래 보기 중에서 예수님과 가이사 아구스도 두 사람에게 적합한 단어를 골라 표를 완성해보세요.

예수님	가이사 아구스도

보기 말구유, 겸손함, 팍스로마나(로마의 평화), 절대권력, 초라함, 화려함, 평화의 왕, 왕좌

3. 예수님이 말구유에 오셨다는 것은 어떤 의미가 있나요?(눅 2:12)

4. 만약 당신이라면, 예수님을 위해 방을 내어드릴 수 있을까요? 그 이유는?

시간여행

신문 기자인 당신은 2000년 전 예수님이 태어나신 당시로 기적 같은 시간여행을 하게 되었습니다. 예수님이 탄생하는 장면을 목격한 당신! 이 장면을 기사화한다면 어떻게 기사를 작성하겠습니까?

01 Togi Daily News

제목 :

헤드카피 :

기사 내용 :

04 성탄예배 : 찬송하는 목자들

성경본문 누가복음 2:8-20
중심구절 누가복음 2:20

성탄절, 당신의 자리는?

아래 그림은 성탄의 풍경을 스케치한 것입니다. 당신은 이들 중 누구입니까? 가장 적합한 대상에 표시해 보고 그 이유를 말해보세요.

- ☐ 목자들
- ☐ 여관에 머무는 사람들
- ☐ 천사들
- ☐ 요셉과 마리아
- ☐ 여관주인
- ☐ 마구간의 동물

찬송하는 목자들

누가복음 2:8-20

8 그 지역에 목자들이 밤에 밖에서 자기 양 떼를 지키더니
9 주의 사자가 곁에 서고 주의 영광이 그들을 두루 비추매 크게 무서워하는지라
10 천사가 이르되 무서워하지 말라 보라 내가 온 백성에게 미칠 큰 기쁨의 좋은
소식을 너희에게 전하노라
11 오늘 다윗의 동네에 너희를 위하여 구주가 나셨으니 곧 그리스도 주시니라
12 너희가 가서 강보에 싸여 구유에 뉘어 있는 아기를 보리니 이것이 너희에게
표적이니라 하더니
13 홀연히 수많은 천군이 그 천사들과 함께 하나님을 찬송하여 이르되
14 지극히 높은 곳에서는 하나님께 영광이요 땅에서는 하나님이 기뻐하신 사람
들 중에 평화로다 하니라
15 천사들이 떠나 하늘로 올라가니 목자가 서로 말하되 이제 베들레헴으로 가서
주께서 우리에게 알리신 바 이 이루어진 일을 보자 하고
16 빨리 가서 마리아와 요셉과 구유에 누인 아기를 찾아서
17 보고 천사가 자기들에게 이 아기에 대하여 말한 것을 전하니
18 듣는 자가 다 목자들이 그들에게 말한 것들을 놀랍게 여기되
19 마리아는 이 모든 말을 마음에 새기어 생각하니라
20 목자들은 자기들에게 이르던 바와 같이 듣고 본 그 모든 것으로 인하여 하나
님께 영광을 돌리고 찬송하며 돌아가니라

1. 맨 처음 구세주의 탄생 소식을 들은 사람들은 누구인가요?(눅 2:8)

2. 천사들이 전한 기쁨의 좋은 소식은 무엇인가요?(눅 2:11)

3. 천사들은 구세주의 탄생에 대해 무엇이라고 찬양했나요?(눅 2:14)

4. 목자들은 아기 예수를 만나기 위해 어디로 가야했나요?(눅 2:15-16)

5. 아기 예수님을 발견한 목자들은 어떻게 했나요?

① 17절

② 20절

무엇을 드릴까?

예수님의 탄생을 축하하며, 사람들은 각자가 드릴 수 있는 선물을 주님께 드렸습니다. 당신은 예수님이 탄생하신 기쁨의 날 주님께 무엇을 드리겠습니까?

예수님께 드리는 나의 성탄 선물 리스트

1. 시간:

2. 물질:

3. 나눔과 봉사:

4. 찬송:

 날마다 말씀먹기

창세기	1	2	3	4	5	6	7	8	9	10	11	12	13	14	15	16	17	18	19	20	21	22	23	24	25
	26	27	28	29	30	31	32	33	34	35	36	37	38	39	40	41	42	43	44	45	46	47	48	49	50
출애굽기	1	2	3	4	5	6	7	8	9	10	11	12	13	14	15	16	17	18	19	20	21	22	23	24	25
	26	27	28	29	30	31	32	33	34	35	36	37	38	39	40										
레위기	1	2	3	4	5	6	7	8	9	10	11	12	13	14	15	16	17	18	19	20	21	22	23	24	25
	26	27																							
민수기	1	2	3	4	5	6	7	8	9	10	11	12	13	14	15	16	17	18	19	20	21	22	23	24	25
	26	27	28	29	30	31	32	33	34	35	36														
신명기	1	2	3	4	5	6	7	8	9	10	11	12	13	14	15	16	17	18	19	20	21	22	23	24	25
	26	27	28	29	30	31	32	33	34																
여호수아	1	2	3	4	5	6	7	8	9	10	11	12	13	14	15	16	17	18	19	20	21	22	23	24	
사사기	1	2	3	4	5	6	7	8	9	10	11	12	13	14	15	16	17	18	19	20	21				
룻기	1	2	3	4																					
사무엘상	1	2	3	4	5	6	7	8	9	10	11	12	13	14	15	16	17	18	19	20	21	22	23	24	25
	26	27	28	29	30	31																			
사무엘하	1	2	3	4	5	6	7	8	9	10	11	12	13	14	15	16	17	18	19	20	21	22	23	24	
열왕기상	1	2	3	4	5	6	7	8	9	10	11	12	13	14	15	16	17	18	19	20	21	22			
열왕기하	1	2	3	4	5	6	7	8	9	10	11	12	13	14	15	16	17	18	19	20	21	22	23	24	25
역대상	1	2	3	4	5	6	7	8	9	10	11	12	13	14	15	16	17	18	19	20	21	22	23	24	25
	26	27	28	29																					
역대하	1	2	3	4	5	6	7	8	9	10	11	12	13	14	15	16	17	18	19	20	21	22	23	24	25
	26	27	28	29	30	31	32	33	34	35	36														
에스라	1	2	3	4	5	6	7	8	9	10															
느헤미야	1	2	3	4	5	6	7	8	9	10	11	12	13												
에스더	1	2	3	4	5	6	7	8	9	10															
욥기	1	2	3	4	5	6	7	8	9	10	11	12	13	14	15	16	17	18	19	20	21	22	23	24	25
	26	27	28	29	30	31	32	33	34	35	36	37	38	39	40	41	42								
시편	1	2	3	4	5	6	7	8	9	10	11	12	13	14	15	16	17	18	19	20	21	22	23	24	25
	26	27	28	29	30	31	32	33	34	35	36	37	38	39	40	41	42	43	44	45	46	47	48	49	50
	51	52	53	54	55	56	57	58	59	60	61	62	63	64	65	66	67	68	69	70	71	72	73	74	75
	76	77	78	79	80	81	82	83	84	85	86	87	88	89	90	91	92	93	94	95	96	97	98	99	100
	101	102	103	104	105	106	107	108	109	110	111	112	113	114	115	116	117	118	119	120	121	122	123	124	125
	126	127	128	129	130	131	132	133	134	135	136	137	138	139	140	141	142	143	144	145	146	147	148	149	150
잠언	1	2	3	4	5	6	7	8	9	10	11	12	13	14	15	16	17	18	19	20	21	22	23	24	25
	26	27	28	29	30	31																			
전도서	1	2	3	4	5	6	7	8	9	10	11	12													
아가	1	2	3	4	5	6	7	8																	
이사야	1	2	3	4	5	6	7	8	9	10	11	12	13	14	15	16	17	18	19	20	21	22	23	24	25
	26	27	28	29	30	31	32	33	34	35	36	37	38	39	40	41	42	43	44	45	46	47	48	49	50
	51	52	53	54	55	56	57	58	59	60	61	62	63	64	65	66									
예레미야	1	2	3	4	5	6	7	8	9	10	11	12	13	14	15	16	17	18	19	20	21	22	23	24	25
	26	27	28	29	30	31	32	33	34	35	36	37	38	39	40	41	42	43	44	45	46	47	48	49	50
	51	52																							
예레미야애가	1	2	3	4	5																				
에스겔	1	2	3	4	5	6	7	8	9	10	11	12	13	14	15	16	17	18	19	20	21	22	23	24	25
	26	27	28	29	30	31	32	33	34	35	36	37	38	39	40	41	42	43	44	45	46	47	48		

다 니 엘	1	2	3	4	5	6	7	8	9	10	11	12													
호 세 아	1	2	3	4	5	6	7	8	9	10	11	12	13	14											
요 엘	1	2	3																						
아 모 스	1	2	3	4	5	6	7	8	9																
오 바 댜	1																								
요 나	1	2	3	4																					
미 가	1	2	3	4	5	6	7																		
나 훔	1	2	3																						
하 박 국	1	2	3																						
스 바 냐	1	2	3																						
학 개	1	2																							
스 가 랴	1	2	3	4	5	6	7	8	9	10	11	12	13	14											
말 라 기	1	2	3	4																					

마태복음	1	2	3	4	5	6	7	8	9	10	11	12	13	14	15	16	17	18	19	20	21	22	23	24	25
	26	27	28																						
마가복음	1	2	3	4	5	6	7	8	9	10	11	12	13	14	15	16									
누가복음	1	2	3	4	5	6	7	8	9	10	11	12	13	14	15	16	17	18	19	20	21	22	23	24	
요한복음	1	2	3	4	5	6	7	8	9	10	11	12	13	14	15	16	17	18	19	20	21				
사도행전	1	2	3	4	5	6	7	8	9	10	11	12	13	14	15	16	17	18	19	20	21	22	23	24	25
	26	27	28																						
로 마 서	1	2	3	4	5	6	7	8	9	10	11	12	13	14	15	16									
고린도전서	1	2	3	4	5	6	7	8	9	10	11	12	13	14	15	16									
고린도후서	1	2	3	4	5	6	7	8	9	10	11	12	13												
갈라디아서	1	2	3	4	5	6																			
에베소서	1	2	3	4	5	6																			
빌립보서	1	2	3	4																					
골로새서	1	2	3	4																					
데살로니가전서	1	2	3	4	5																				
데살로니가후서	1	2	3																						
디모데전서	1	2	3	4	5	6																			
디모데후서	1	2	3	4																					
디 도 서	1	2	3																						
빌레몬서	1																								
히브리서	1	2	3	4	5	6	7	8	9	10	11	12	13												
야고보서	1	2	3	4	5																				
베드로전서	1	2	3	4	5																				
베드로후서	1	2	3																						
요한일서	1	2	3	4	5																				
요한이서	1																								
요한삼서	1																								
유 다 서	1																								
요한계시록	1	2	3	4	5	6	7	8	9	10	11	12	13	14	15	16	17	18	19	20	21	22			

토틴만의 특별한 커리큘럼

◆ 전체 구성

제목		내용
새 친구를 위한 복음의 핵심		교회에 처음 나온 새 친구들을 위한 교재로 신앙의 기초를 든든히 다지는 내용입니다.
신구약을 꿰뚫는 한눈에 보는 성경		신구약 파노라마로 구약은 시대와 등장인물을, 신약은 예수님과 초대교회를 중심으로 한 내용입니다.
1권 (1–4월)	하나님 안에서의 나의 신분	하나님 안에서 나를 발견하고 새롭게 변화되기, 그리고 사순절과 부활절에 대해 배웁니다.
2권 (5–8월)	거듭남, 그 이후	성경의 인물들과 예수님의 비유를 통해 거듭난 자로서 어떻게 살아가야 하는지에 대해 배웁니다.
3권 (9–12월)	비유로 배우는 하나님 나라	비유를 통해 하나님 나라를 배우고 소망하는 삶, 청소년들의 고민과 올바른 세계관 확립, 성탄절의 참 의미를 회복하는 내용으로 구성됩니다.
4권 (1–4월)	나는 예배자	예배가 무엇이며 예배자로 부름받은 나에 대해 배우고, 요한복음을 중심으로 한 사순절과 부활 절기를 다룹니다.
5권 (5–8월)	그리스도인의 관계형성	가정과 친구관계에서 그리스도인으로서의 정체성을 가지며, 성경 속 믿음의 인물들에 대해 배우고 나의 삶에 적용해봅니다.
6권 (9–12월)	어려운 질문	그리스도인으로 갖게 되는 어려운 질문들을 함께 생각해보고, 후반부에는 대림절과 크리스마스를 위한 내용을 배웁니다.
7권 (1–4월)	하나님과 친밀함 누리기	일상생활에서 하나님과 친밀함을 누리는 영적 훈련에 대해 배우며, 약속을 성취하시는 예수님을 중심으로 사순절과 부활절의 의미를 배웁니다.
8권 (5–8월)	여호와의 리더십학교	온전한 크리스천 리더십으로 성장하기 위해 우리 마음을 아름답게 가꾸는 내용과 성경 속 다양한 리더십에 대해 배웁니다.
9권 (9–12월)	성숙한 교회 공동체	성경 속 다양한 교회 공동체에 대해 배우며 '빛'을 주제로 한 대림절과 성탄절, 그리고 영혼을 사랑하는 복음 전도에 대해 배웁니다.

◆ 기초튼튼 과정

새 친구를 위한 복음의 핵심

- 창조, 하나님이 하신 일
- 죄, 하나님을 슬프게 하는 일
- 예수님, 우리를 위한 선물
- 거듭남, 변화된 삶을 향해
- 성령, 도우시는 하나님
- 성경, 살아있는 생명의 말씀
- 교회, 예수님의 몸
- 예배, 하나님을 기쁘시게

신구약을 꿰뚫는 한눈에 보는 성경

구약이야기

- 창조와 타락 최초의 사람들
- 족장시대 약속을 받은 사람들
- 모세와 출애굽 약속의 땅을 향해
- 가나안 정복 젖과 꿀이 흐르는 땅
- 사사시대 시련과 실수
- 통일왕국시대 세 왕 이야기
- 분열왕국시대 하나님을 떠난 이스라엘
- 바벨론 유수와 포로 귀환 다시 세우는 이스라엘

신약이야기

- 예수님의 세 가지 사역
- 십자가와 부활, 승천
- 초대교회의 탄생
- 박해받는 초대교회
- 교회의 부흥과 베드로의 사역
- 안디옥 교회와 최초의 선교사
- 바울의 전도여행
- 로마로 향하는 바울

◆ 1권-3권

1권 하나님 안에서의 나의 신분

하나님 안에서의 나의 신분

- 나를 지으신 주님
- 사랑받는 나
- 나는 부족하더라도
- 하나님 아버지의 마음
- 나는 주님의 기쁨
- 축복의 통로
- 나는 주님의 성전
- 주의 전신갑주를 입고

사순절과 기쁨의 50일 -

- 아들을 보내신 하나님
- 사람으로 오신 예수님
- 죄인의 친구
- 선한 목자
- 십자가를 지심
- 살아나신 그리스도
- 마라나타
- 성령의 열매

2권 거듭남 그 이후

거듭남의 비밀

- 집중분석, 죄
- 진정한 회개
- 위대한 용서
- 하나님의 무한사랑
- 거듭남1. 제2의 인생
- 거듭남2. 거듭남의 축복
- 거듭남3. 성장의 비밀
- 거듭남4. 구원의 확신

그리스도인의 삶

- 예수님을 만난 후
- 주님만 높이는 삶
- 진정한 기쁨이란
- 서로 사랑하기
- 남을 향한 손가락
- 가장 어려운 일, 용서
- 선한 영향력을 미치는 삶
- 하늘에 속한 그리스도인

3권 비유로 배우는 하나님 나라

비유로 배우는 하나님 나라

- 소금과 빛
- 반석 위에 지은 집
- 선한 사마리아인
- 결실을 맺는 땅
- 포도원 품꾼
- 열 처녀 이야기
- 달란트 비유
- 양과 염소의 비유

청소년의 삶과 고민

- 스타에 열광하는 당신
- 따돌림도 죄가 되나요?
- 누가 좀 말려줘요!
- 그리스도인의 이성교제

대림절과 크리스마스 -

- 약속 그대로
- 성탄목의 의미
- 찬송을 넘어 기쁨으로
- 성탄예배 선물

◆ 4권-6권

4권 나는 예배자

나는 예배자
- 나는 예배자
- 춤추는 예배자 다윗
- 멈출 수 없는 예배
- 예배의 네 기둥
- 찬양과 예배
- 함께 드리는 기도
- 드림의 비밀
- 안식일의 주인

사순절과 기쁨의 50일 II
- 향유를 부은 마리아
- 예루살렘으로 가는 길
- 마지막 설교, 한 알의 밀
- 고난과 영광의 길
- 부활하신 주님
- 디베랴 바닷가
- 감람산에서
- 마가의 다락방

5권 그리스도인의 관계형성

그리스도인의 관계형성
- 부모님 공경하기
- 싸우는 가정
- 깨어진 가정
- 믿지 않는 가정
- 다윗의 친구 요나단
- 중풍병자의 네 친구
- 우정의 황금률1. 선한 충고
- 우정의 황금률2. 섬김

믿음의 영웅들
- 믿음의 영웅들
- 순종하는 믿음, 노아
- 내려놓음의 축복, 아브라함
- 시련을 이기는 믿음, 요셉
- 인생을 바꾼 믿음, 라합
- 기적을 부르는 믿음, 바디매오
- 믿기 어려울 때
- 칭찬받는 믿음

6권 어려운 질문

기도베이직
- 기도 베이직
- 기도의 모범답안, 주기도문
- 어려울 때 드리는 기도
- 응답받는 믿음의 기도

어려운 질문
- 응답받지 못하는 기도의 이유는?
- 사탄은 정말로 있을까?
- 지옥은 정말로 있을까?
- 이단이 도대체 뭐야?
- 중독, 어두운 그림자
- 내가 고통당할 때 하나님은 어디 계시는가?
- 내가 믿음 때문에 손가락질 당할 때 하나님은 어디 계시는가?
- 내가 죽고 싶을 때 하나님은 어디 계시는가?

크리스마스 대림절과 II
- 가브리엘의 방문
- 성령으로 기뻐한 사람들
- 베들레헴에 오신 왕
- 성탄예배 찬송하는 목자들

◆ 7권-9권

7권 하나님과 친밀함 누리기

하나님과 친밀함 누리기
- 하나님의 우선순위
- 하나님은 나의 주?
- 인생 나침판
- 친밀함으로 한걸음 말씀읽기
- 친밀함으로 한걸음 말씀처럼
- 친밀함으로 한걸음 거룩하게
- 성령님과 함께 걸어요
- 주님 다시 오실때까지

사순절과 기쁨의 50일 III
- 약속
- 약속으로의 초대
- 거절당한 예수님
- 마지막 수업
- 흔들 수 없는 결심
- 가상칠언
- 부활의 증인되기
- 성령받은 후에

8권 여호와의 리더십 학교

내면의 삶 가꾸기
- 걱정거리
- 열등감
- 탐욕
- 분노
- 강요
- 위선
- 영적 실패
- 경시

여호와의 리더십 학교
- 희생과 섬김
- 사람 끌어안기
- 하나님께 묻는 리더
- 모세의 링커십
- 여호수아의 팔로어십
- 반면교사 솔로몬
- 느헤미야 프로젝트
- 리더 임명식

9권 성숙한 교회 공동체

성숙한 교회 공동체
- 그리스도의 몸 된 교회
- 하나의 교회
- 한몸된 지체를 사랑하는 교회
- 예배공동체
- 품어주고 회복시키는 교회
- 쓰다남은 부스러기
- 선교하는 공동체
- 뜨겁든지 차갑든지

전도
- 주님의 부르심
- 나의 프로필
- 잃어버린 한 영혼
- 나만의 전도스타일

크리스마스 대림절과 III
- 공의의 빛
- 기이한 빛
- 세상의 빛
- 성탄예배 빛의 축제

토틴시리즈 : 6권. 어려운 질문

1판 1쇄	2012년 10월 15일
1판 3쇄	2016년 4월 5일
2판 3쇄	2024년 10월 25일

지은이	토기장이 교재연구팀
일러스트	김미용
발행인	조애신
책임편집	김정민, 조미래
편집	이소연
디자인	지은주, 임은미
마케팅	전필영
경영지원	전두표

발행처	도서출판 토기장이
주소	서울시 마포구 동교로 71-1 2F
출판등록	1998년 5월 29일 제1998-000070호
전화	02-3143-0400
팩스	0505-300-0646
이메일	tletter77@naver.com
인스타그램	togijangi_books_

ISBN 978-89-7782-249-8

도서출판 토기장이는 생명 있는 책만 만듭니다.
"우리는 진흙이요 주는 토기장이시니 우리는 다 주의 손으로 지으신 것이니이다" (이사야 64:8)